DÉFENSE

DES LOIS FONDAMENTALES

DE LA FRANCE.

PARIS. — IMPRIMERIE DE BÉTHUNE,
RUE PALATINE, N. 5.

DÉFENSE

DES

LOIS FONDAMENTALES

DE LA FRANCE.

PAR M. BATTUR,

AVOCAT A LA COUR ROYALE DE PARIS.

PARIS.

CHEZ HIVERT, LIBRAIRE,

QUAI DES AUGUSTINS, N. 55.

1832.

AVERTISSEMENT.

Mon ouvrage ayant pour titre : *Du véritable gouvernement de la France, et des moyens de l'obtenir*, avait été saisi, à la requête de M. le procureur du roi, le 24 février dernier. Le réquisitoire de ce magistrat incriminait le livre entier, et notamment huit passages, c'est-à-dire la presque totalité des propositions qu'il renfermait. J'ai subi un interrogatoire sur ces divers chefs d'accusation, et la chambre du conseil du tribunal de la Seine, confirmant la saisie, avait ordonné ma mise en prévention pour fait d'attaque *à la dignité royale, à l'ordre de successibilité au trône, et d'excitation à la haine et au mépris du gouvernement.*

Les pièces ayant été transmises au parquet de la Cour royale, et près d'un mois s'étant écoulé, j'avais préparé ma défense devant la chambre des mises en accusation et devant la cour d'assises. Je m'étais moins occupé de ma liberté dans cette défense que des grands intérêts du pays qui étaient mis en controverse par le réquisitoire de M. le procureur du roi et la décision de la chambre du conseil. Ces vérités politiques, avec les documents à l'appui, allaient être produites par moi au grand jour de la publicité de l'audience, lorsque la chambre des mises en accusation a déclaré qu'il n'y avait point lieu à suivre.

J'ai pensé toutefois que cette défense à laquelle on m'avait forcé de travailler par une incertitude de près de six semaines sur le sort de mon livre, ne devait point être perdue pour mes concitoyens, et surtout pour les écrivains que la même indépendance d'opinions et la même droiture de conscience avaient placé dans une position identique. Je la livre donc au public, persuadé qu'il est le juge naturel de ce grand procès, et que sa décision servira tôt ou tard de règle au ministère public et de guide au jury.

DÉFENSE

DES

LOIS FONDAMENTALES

DE LA FRANCE.

MESSIEURS,

Ce qui me préoccupe en prenant la défense du livre intitulé du *Véritable gouvernement de la France*, ce n'est point la crainte de la perte de ma liberté, mais le vif désir de faire passer dans vos âmes la conviction profonde qui a guidé ma plume en le composant. Par quelle fatalité le banc de la cour d'assises devient-il la seule tribune où les défenseurs des droits des Français et des lois fondamentales du pays sont obligés de venir protéger tour à tour de leurs écrits et de leurs paroles leur liberté et celle de leurs concitoyens privés de leur état politique? Par quelle fatalité leur présente-t-on des verrous et des fers à la place de la reconnaissance publique? Ah! cet opprobre des condamnations judiciaires, lorsqu'il frappe des convictions généreuses et profondes, se change en gloire; et désormais ce sera au bruit de leurs chaînes, que la France reconnaîtra le nombre et le courage de ses défenseurs!

L'histoire, la vérité, la franchise sont traduites à cette barre: chez aucune nation libre, les théories qui ont eu pour objet d'éclairer les peuples sur leurs véritables intérêts n'ont été poursuivies. Les nations sont-elles donc faites pour quelques hommes? Y a-t-il liberté quand la pensée est étouffée? si l'écrivain faisait un appel aux passions, cet appel serait répréhensible; mais si sa discussion est calme, et s'il exhorte à l'obéissance aux lois, où est le crime de ses opinions politiques? Pendant quinze ans vous avez discuté dans vos journaux la théorie de la souveraineté du peuple, et vous en avez fait un droit antérieur de la nation. De bonne foi, pensez-vous aujourd'hui qu'alors vous commettiez un crime? Pour moi, j'estime qu'une répression trop forte, trop fréquente, trop rigoureuse de la liberté de la presse est un mal pour le pouvoir lui-même; que c'est l'indice certain d'un vice dans l'administration publique, de la misère de la nation et de la faiblesse du gouvernement. Ce fut une des fautes capitales de la restauration de s'en prendre à quelques écrits, à quelques journaux, à quelques théories, des obstacles qu'elle rencontrait dans sa marche; elle eût mille fois mieux fait de décentraliser la France, et d'opposer la barrière des institutions nationales au vertige des esprits et au délire de l'orgueil. Que doit-on donc penser du gouvernement du 7 août, qui en dix-huit mois a fait à la presse quatre fois plus de procès que la restauration en quinze années?

Il est des principes éternels et des droits imprescriptibles qui doivent prévaloir. Quand on les défend ou qu'on croit les défendre, on fait acte de bon citoyen; jamais l'erreur ne fut un délit. Mais la loi, dit-on! La loi suppose une intention criminelle; et, au milieu des crises politiques, en attendant la consolidation par le temps du gouvernement établi, et la ratification des peuples, il faut laisser à l'épreuve de la discussion ce pouvoir nouveau, qui n'a rien à en redouter s'il est national. La discussion, devant le jury, des procès de la presse, ne doit donc pas être une appréciation sèche d'un fait matériel, et l'application judaïque de la loi, mais la vérité, le fond de la pensée de l'auteur, la question de savoir si ses intentions sont pures ou criminelles, c'est-à-dire funestes au pays. S'il s'est borné au rôle de philosophe, de publiciste et d'historien, comment peut-on lui demander compte de ses opinions sur la vérité des faits et des maximes, et opposer à l'histoire et à la philosophie la lettre de la loi? Ce serait arrêter ce grand travail de l'esprit humain, qui prépare lentement le perfectionnement des sociétés politiques et de leurs lois fondamentales elles-mêmes. Ce travail est irresponsable, parce qu'il est hors de la région de la force et des révolutions, et par conséquent, de la loi. Ce n'est que lorsqu'il se matérialise, et qu'il veut produire un effet immédiat et physique, par la perturbation qu'il provoque, qu'il devient justiciable des cours d'assises. Ainsi je fais une histoire, un mémoire historique ou un tableau du droit public de mon pays; j'énonce une opinion contraire au fait consigné dans une loi; on ne vote pas législativement l'histoire, ni la vérité, ni l'erreur. Dans leur sphère intellectuelle, elles sont absolument libres, à moins que la mauvaise foi et une volonté criminelle ne les aient dictées. Les lois elles-mêmes ne changent-elles pas ainsi que les majorités, les empires, les formes du gouvernement, et vous voudriez l'immutabilité dans la pensée!!! Vous ne devez donc punir que la provocation à la violence, qui usurpe les droits de la discussion pour renverser le gouvernement, ou exciter contre lui la haine et le mépris des citoyens. Messieurs, assurez le bien-être des hommes, vous leur ferez chérir vos principes, et ils dureront malgré d'injustes attaques, qui ne feront que les consolider. Mais que les hommes soient malheureux, laissez-leur du moins la consolation de réfléchir sur la cause de leurs maux; vous n'avez pas le droit de leur dire qu'ils sont coupables parce qu'ils cherchent un remède à un mal réel et que rien n'adoucit; à moins qu'on ne leur déclare : De par la loi, vous êtes riches, heureux, libres, pleins d'espérance; vous devez dire que vous l'êtes; vous ne croirez que ce que bon me semblera; pour moi, vous ferez mentir l'histoire et les faits.

Voilà donc ma distinction, et animé que je suis du désir qu'elle profite à d'autres qu'à moi, je l'applique à ma cause.

Je n'userai point d'équivoque : j'ai dit que la violation de la loi fondamentale d'hérédité était la cause de tous les malheurs de la France; que la nécessité de cette violation n'a point existé; que cette violation n'était point le vœu national. Nul ne me fera l'injure de croire que j'aie dit ce que je ne pensais pas, que j'aie déploré hypocritement ce que je savais n'être point un malheur. J'étais de bonne foi, en un mot; tout au plus aurais-je commis une erreur..... Hé bien! y a-t-il usage légitime de la liberté de la presse, de la liberté morale, quand, sans action physique, on exprime sa pensée sur un état de choses que l'on croit funeste? Ai-je attaqué les individus, l'ordre établi? Est-ce un crime d'adresser à la nation ce qu'on croit être vrai? On traduirait donc sur ces bancs un philosophe, un publiciste, un jurisconsulte, parce qu'il aurait traité en son ame et conscience une grande question sociale? Je dis qu'on vous trompe, Messieurs, en cherchant à vous faire croire que vous devez juger, d'après la lettre de la loi, contre votre conscience même..... Quand un meurtre, un assassinat, un vol sont commis, vous devez décider le point de fait, sans vous enquérir du résultat de votre déclaration; car on ne peut faire qu'un assassinat ne soit point un assassinat, qu'un vol ne soit point un vol. Mais quand on soumet à votre examen une question de délit de la presse, vous êtes entièrement libres d'apprécier la moralité du fait, ses rapports avec la vérité, l'histoire, l'état de la société, ses intérêts; et si, dans votre âme et conscience, vous vous dites : *Il n'y a qu'un homme d'honneur qui puisse tout braver pour sa conviction, qui méprise les fers pour dire ce qu'il croit être la vérité;* Ah! Messieurs, soyez sûrs qu'il n'y a plus de délit; ou l'obligation qu'on vous ferait de le déclarer, ne serait plus qu'un joug d'opprobre imposé à vos consciences. La société retomberait dans la barbarie, car des fers seraient donnés à cette pensée immatérielle dont la liberté est l'essence, le principe et la fin. Cette liberté d'appréciation ennoblit seule votre mission; vous devez hâter et féconder comme jurés les progrès de l'esprit humain, et non punir ce que vous croirez une erreur. La moindre entrave à la pensée, même politique, l'éteint; et c'est un crime de priver son pays de la liberté des méditations. L'erreur d'abord, ensuite un mélange de vérité et d'erreur, et enfin la vérité toute pure. La vérité est difficile à conquérir; les nations ne l'atteignent pas tout d'un coup; combien de préjugés et d'institutions barbares n'ont cédé qu'à l'action de plusieurs siècles de lumières, et aux efforts continus de leurs écrivains! C'est ainsi que le duel judiciaire, l'épreuve par l'huile bouillante et par le feu, la question, la torture, l'intolérance religieuse, l'inquisition, la censure, n'ont succombé qu'après l'effet longuement répété des saintes attaques de la morale, de la philosophie et de la religion elle-même. Messieurs, on peut abuser aussi des majorités, de ce qu'on nomme la souveraineté nationale : souffrez qu'on le dise. Alors le jury devient une grande et sublime magistrature, parce qu'il s'associe au travail intellectuel et au progrès d'une nation entière, et qu'indulgent à l'erreur, il encourage les efforts des écrivains pour atteindre la vérité. On n'étouffe point une doctrine par les cachots; si elle renferme une erreur, on ne fait qu'en assurer ainsi le triomphe. La persuasion seule conduit à l'unanimité nationale; ne mettons pas l'intrigue et la violence à sa place.

Ces principes posés, j'entre en conférence avec des concitoyens qui sont mes amis et mes protecteurs, bien plus que mes juges, et je leur dis : nous voulons tous le bien de notre pays; nous cherchons tous la vérité. Jetons un regard sur ce qui s'est passé en France depuis près de deux ans. Les ordonnances de juillet 1830 furent une faute énorme; elles substituèrent le fait et la force au droit; l'empire du fait et de la force a continué depuis. Il y avait un moyen de régulariser l'état social, c'était de suivre la loi fondamentale, la loi salique, et de convoquer la nation pour perfectionner les lois organiques imparfaites, pour établir les lois politiques nécessaires aux besoins publics, pour consommer un changement de système; tenir en respect l'étranger, et arriver à cette unité qui fait la force des sociétés humaines; car les dissensions sont mortelles aux empires. Un prince nommé lieutenant-général, pouvait opposer aux passions ce boulevard de la volonté nationale, et se couvrir d'une gloire immortelle en maintenant la loi fondamentale de l'hérédité. On a fait erreur; on l'a trompé en le faisant agir autrement; en déclarant qu'il était nécessaire de pourvoir à la vacance du trône en dehors des lois du pays; en supposant à quelques députés ce pouvoir d'élire un roi dont la nation elle-même s'était dépouillé par le pacte originaire de la monarchie. On a commis une double erreur en donnant ce fait d'une élection nationale pour base à la loi du 29 novembre 1830 : 1° parce c'était faire consacrer par une loi pénale la violation d'une loi fondamentale; 2° parce que le fait n'existait point. Mais l'erreur de droit, la violation des lois est à mes yeux plus grave que l'erreur de fait; et je dis que le prince ne peut tenir de quelques députés LES DROITS dont on parle, parce qu'il les tiendrait de la violation des lois. Je m'attache à ce principe, parce que là seulement je vois un gage de stabilité; parce que c'est pour ma raison et ma conscience une religion politique, une croyance inébranlable, une patriotique conviction. Si je fais erreur, et que la déclation du 7 août 1830 renferme en soi la stabilité, suite nécessaire de la volonté nationale, qu'importe alors mon opinion isolée? Attaquè-je le caractère du prince, son gouvernement?... Mais si je disais vrai, que pourraient la loi du 29 novembre 1830, les condamnations, les fers, les cachots contre cette vérité! vous ne lui donneriez que plus de force, car vous feriez croire que vous la redoutez... Est-ce donc la force qui décidera de la destinée de l'empire? ou bien l'assentiment des peuples qui le consolidera? Vous réduisez une grande question sociale au partage des citoyens en vainqueurs et en vaincus: et si la vérité et l'honneur national succombent dans ce duel, on leur dira donc VÆ VICTIS! Malheur aux vaincus!! Il faudra qu'ils se taisent, et vous les étoufferez sous le poids des chaînes prétendues légales dont vous les accablerez!! C'est le renversement de toutes les lois morales des sociétés humaines... Oui, Messieurs, il n'y a de liberté que lorsque dans une monarchie, on peut parler république, et dans une république, monarchie. « Que si le ciel m'accorde de longs jours, disait Tacite (*histoire*, *liv.* I.), j'ai réservé pour ma vieillesse les règnes de Nerva et de Trajan; sujets plus riches et pour l'historien moins dangereux, *grâce à ces temps d'une rare félicité, où l'on pense comme on veut, où l'on parle comme on pense.* » Ce ne sont point les paroles qui ébranlent les empires, c'est la violence, signe de la faiblesse et de la caducité; c'est l'excessive sévérité d'un gouvernement qui s'abuse lui-même sur les conditions de son existence. C'est mon ouvrage dans son ensemble, son esprit, son but, que vous devez juger; j'offre tout un système de gouvernement national, de franchises locales, de représentation progressive de tous les intérêts, la réduction des impôts de moitié, liberté complète d'enseignement, de la presse, de la conscience; protection assurée de la liberté individuelle, répression des abus du pouvoir même judiciaire; sécurité pour l'innocence, indemnité même; gloire, liberté, progrès de l'esprit humain; extirpation du monopole et des coteries; affranchissement de l'âme et de la pensée de toute entrave matérielle, sauf les lois éternelles de la morale et de Dieu, qu'elles ne peuvent attaquer, sauf les perturbations physiques et les atteintes directes à l'ordre établi; je respecte cet ordre, je déclare qu'il serait contraire à l'intérêt de mes doctrines de descendre à la haine ou au dénigrement, et d'appeler à mon secours les passions politiques; mais j'indique un ordre antérieur, un ordre meilleur, plus stable, plus fécond, plus durable; et l'on m'en ferait un crime!! Les institutions et le bien politique sont les seuls freins efficaces de la presse, parce qu'ils neutralisent et anéantissent l'erreur, qu'ils étouffent les passions, et les rendent impuissantes pour le mal. Ici les rôles seraient changés; c'est moi qui défendrais les lois, et c'est vous qui les violeriez. Si ma voix accusatrice était impuissante, les générations et la postérité la recueilleraient, et votre condamnation serait prononcée par la patrie et par l'histoire!!!

J'ai dit que je défendais les lois; et en effet, Messsieurs, s'il fut un droit inhérent à la nation française, ce droit est imprescriptible, il n'a pu tomber en désuétude. Les dérogations à ce droit fondamental de liberté méritent du moins d'être examinées. La vie d'une nation, les conditions de cette vie, ce sont les siècles, et quand l'expérience a démontré que ces dérogations à son droit primitif étaient funestes, il faut revenir au droit commun, et c'est faire acte de bon Français que de rappeler à l'observation des lois qui sont la vie d'une nation.

Et qui donc oserait prétendre, en face de la raison et de la conscience publique, qu'il n'est pas pour la France des lois antérieures et supérieures à la Charte de 1830, comme à celle de 1814? Ces Chartes ont-elles interdit les assemblées générales de la nation, c'est-à-dire, la formation de ces congrès nationaux appelés à prononcer sur les destinées de la France? Nulle part on ne voit de traces d'une semblable prohibition qui choquerait la nature des choses. Les chambres législatives, organisées par ces constitutions, représentent les états-généraux; ce sont des états-généraux *au petit pied;* ils sont suffisants pour des temps ordinaires, et les constitutions ne prévoient que les temps ordinaires. Mais induire de là que les véritables états-généraux dont l'existence se lie à la monarchie, ont été proscrits, de telle sorte qu'il soit impossible d'y recourir quand la fiction qui les remplace est devenue impuissante pour garantir la vie sociale de la France, c'est hasarder une proposition insoutenable; et en effet, si la famille régnante venait à s'éteindre, que le trône fût vacant, qui décernerait la couronne? Serait-ce les chambres? où en prendraient-elles le pouvoir? Ni la Charte, ni les lois d'élections, ni le mandat des électeurs ne leur en donneraient le droit. Il y aurait nécessité de recourir à un congrès, c'est-à-dire, aux états-généraux. Si l'on admet que dans ce cas donné, dans ce cas possible, la convocation des états-généraux serait indispensable, serait légale, comment contester à un écrivain le droit d'examiner si, dans tel autre cas, cette convocation n'est pas devenue nécessaire? Ou nos législateurs modernes ont la prétention de surpasser le temps par leurs œuvres, et la nature par leur prévoyance; ou il faut dire que la Charte se lie aux principes constitutifs de la monarchie française; que ces principes doivent suppléer à l'insuffisance de la Charte et régler tout ce qu'elle ne règle pas. Personne ne serait tenté de le nier, même aujourd'hui, s'il s'agissait de pourvoir à une régence, de fixer la majorité du roi et d'autres points encore : pourquoi donc frapper ces principes primordiaux d'impuissance dans la circonstance grave où l'on se trouve ?... (1)

Mais la loi salique, antérieure à la Charte, n'avait-elle pas, et n'a-t-elle pas encore toute sa force, indépendamment de cette Charte ? N'est-ce pas sous son abri que vous avez placé votre élection et votre droit héréditaire ? Pourquoi donc et de quel droit abrogeriez-vous son corrélatif inséparable, c'est-à-dire, les états-généraux ? Non, tout n'est pas nouveau dans cette France qui a 14 siècles d'âge et de durée ; détruisez donc ses monuments, son histoire, ses souvenirs, ses tombeaux ; effacez cette empreinte profonde qu'a laissée partout, sur son sol, ses lettres, ses sciences, ses édifices, ses arts ; sur sa constitution matérielle, et son territoire, cette dynastie que vous prétendez anéantir par la voix de quelques individus isolés ; le pourriez-vous ?...... L'entreprise de détruire la corrélation dont je parle est tout aussi insensée. Une génération est trop faible pour suppléer en un jour, en quelques mois, en quelques années, en quelques lustres, l'œuvre des siècles. Croyez-vous que je méconnaisse pour cela les droits du peuple et la souveraineté de la nation ? Non. Mais je les veux non débiles et inconstants, non mobiles et transitoires, mais immuables comme le sol, impérissables comme la justice, imposants comme la patrie ! ! Vous avez beau faire, vous ne vivez que sur ce qui a survécu à vos révolutions. C'est une image du pouvoir, empruntée à cette immortelle loi salique, gravée dans les mœurs, bravant les coups du temps, qui vous sauve de vos égarements, de l'anarchie provoquée par la force, toujours transitoire, et vous prétendriez mettre à néant par une Charte le droit imprescriptible de la nation de participer à la direction des affaires publiques et à l'exercice de la puissance législative ! !

Quand une loi civile aurait, ce qui n'est pas, privé les Français de ces droits, cette loi serait nulle, au moins en ce qui touche

(1) En certains cas, dit Guy Coquille, tom. I, pag. 282, les états sont appelés comme ayant plein et entier pouvoir, comme si la couronne était en débat entre deux prétendants, comme s'il s'agit d'échanger des souverainetés, d'établissement d'impôts, de régler d'avance les droits successifs, de fixer la majorité du roi, etc.

leur abrogation; car une loi écrite ne peut anéantir ce qui tient à la nature sociale de l'homme. Il serait permis à la nation de les faire revivre et de les revendiquer. Lorsqu'en 1829 on crut certains droits politiques menacés, on eut recours à l'association pour refus de l'impôt, et depuis, à l'insurrection même. Et vous voudriez que les droits de la nation pussent périr dans un détroit! Mais que dirait-on de l'acte qui interdirait la méditation, les réflexions, les conseils sur un tel sujet? Les droits politiques des Français ne sont-ils pas indivisibles? Si l'on est garde national et juré, ne doit-on pas participer à l'élection? L'état politique de l'homme est un tout inséparable comme son état civil. Cette inégalité serait l'esclavage politique, comme l'inégalité civile est l'esclavage civil, le servage, la glèbe. Ah! Messieurs, n'imitons pas nos voisins qui, au début de leur régénération, ont laissé croître ces priviléges, ces inégalités, ces disparates politiques qui donnent lieu à des réclamations justes en principe (1), mais difficiles à réaliser, et pouvant causer de profonds ébranlements. Il en est comme de ces difformités avec lesquelles un corps a pris croissance; il devient impossible ensuite de les corriger et de les faire disparaître. Soyez conséquents : si vous adoptez la souveraineté de la nation pour la couronne, si vous prétendez la tenir du vote de la nation française, admettez cette souveraineté pour l'exercice des droits politiques; qui peut le plus, peut le moins. Si vous admettez que la nation en masse vous a décerné la couronne, admettez aussi qu'elle est capable de veiller à ses intérêts et de nommer ses commettants; où serait la raison du contraire? Ou plutôt rejetez les fictions pour la couronne comme pour les droits politiques... voilà pourquoi je dis que la rupture d'une lignée royale est si funeste, parce que le pouvoir nouveau, s'il n'ose recourir à la nation, est forcé de maintenir une action centrale, une tension de tous les ressorts politiques et administratifs. Cette tension des ressort n'est point celle dont parle Montesquieu, et qui signale le passage d'un gouvernement à un autre par une émulation généreuse; c'est la violence, la crainte, la susceptibilité ombrageuse, le mensonge, la délation, la multitude de procès politiques, une attitude précaire à l'extérieur, un état militaire écrasant, etc. Si une sorte de langueur, de torpeur

(1) Le bill de réforme.

ne régnait pas, on serait anéanti par cette transition et par la violation du principe fondamental. Cette torpeur facilite la centralisation nécessaire au pouvoir; et la centralisation qu'est-elle, autre qu'un privilége du pouvoir et de quelques citoyens sur les masses, que la mort du corps social?... Sans doute, on peut durer encore dans cet état de choses. Mais cette durée n'est pas un progrès, c'est un acheminement à l'impuissance; le pli une fois pris, la nation se dégrade et périt; c'est le paralytique sur son lit de mort. Les opinions comme les intérêts se rétrécissent; tous se précipitent dans la seule issue qui leur est ouverte, et de là vient cette concentration excessive et ruineuse du pouvoir, du crédit, des emplois, des richesses, des impôts, ce trop de sang au cœur, ce froid mortel aux membres et aux extrémités... Cette infraction d'un principe incontesté donne donc plus de force à la centralisation, et empêche cette confiance à l'intérieur et à l'extérieur, qui serait favorable au développement de toutes les libertés... Voilà ma pensée; et parce que je la dirai aux Français, parce que je les supplierai de sortir de cet état de marasme, de mort, je serai accusé d'avoir voulu porter atteinte à la dignité royale, à l'ordre de successibilité au trône et aux prérogatives de la royauté! Ah! si des fers sont la récompense de mes efforts, donnez-moi des fers, mais que la France soit heureuse et libre!

Combien de fautes et de maux eussent été épargnés à la France, si des Français courageux eussent élevé la voix toutes les fois qu'on a voulu violer ses lois fondamentales! s'ils se fussent opposés avec vigueur à l'aliénation des biens des communes et des forêts de l'état; à cette centralisation qui rend la capitale plus grande que l'état lui-même, et qui détruit cette proportion que Sully seul a comprise, véritable fondement de la liaison de l'état avec les provinces, du crédit, de l'agriculture et des finances; si des hommes intrépides eussent fait voir que lorsque tout est salaire dans l'état, tout est charges pour les peuples; que l'honneur et l'enthousiasme peuvent seuls réparer le mal qui s'est fait par des orages; que la perfection de la législation est la première condition de la durée; et que cette perfection est attachée au concours universel et progressif de tous les suffrages, seul gage de la puissance physique et morale; que la fixité du cens pour l'élection et l'éligibilité est une absurdité, à raison de l'inégalité de la population et des richesses des diverses provinces, et qu'elle ne tend qu'à établir l'aristocratie de la médiocrité, aristocratie bâtarde qui insulte à la misère publique; si des bouches éloquentes avaient démontré que la commune est l'élément essentiel d'une monarchie; qu'une représentation communale et cantonnale nombreuse peut seule conduire à une représentation provinciale et nationale nombreuse aussi; qu'un principe libre est la seule source de la liberté, et que si la liberté périt, un état ne peut revivre qu'en remontant à son principe; que l'inquiétude et l'agitation pour un peuple, comme pour un homme, sont des indices certains de malaise et de fausse position, et qu'il n'y a que des sots qui puissent dire qu'un peuple n'est pas mûr pour une loi qui donne tout le développement possible à ses facultés; que la constitution d'un peuple est son histoire mise en action; que l'absence des influences locales qui préparent et facilitent l'action de l'administration, est la grande plaie politique de l'Europe, et la cause des embarras inextricables de ses gouvernements; que la liberté, la vertu, la morale sont les principes de tout; qu'il faut donc les faire revivre par la conscience politique et la religion; que la liberté de tous est moins dangereuse que la liberté de quelques-uns, selon l'expression de Machiavel (discours sur Tite-live, t. 1, p. 38 et 39); car le grand nombre met à l'abri de l'intrigue; que la liberté des opinions fait toute la force d'un état, que cet état n'est grand que lorsqu'il trouve en lui-même de quoi se retremper sans avoir recours à l'étranger, ou mendier sa tolérance (Mach. *ibid.*, p. 52); que si un seul ou peu font quelquefois éclore de grandes pensées législatives, il n'appartient qu'à beaucoup de conserver les les institutions qu'elles ont fait consacrer (p. 68 *ibid.*); que la nationalité de la couronne et l'intégrité du territoire furent toujours les caractères essentiels de cette légitimité qui a fait que nos Bourbons tendaient à rétablir la dignité française et l'indépendance du trône, et que c'est le motif pour lequel les étrangers les ont lâchement abandonnés!!

Le jury doit pénétrer ces questions politiques et morales, c'est sa nature. L'avocat qui reculerait devant la profession de ces principes, serait indigne de porter la toge. Pour me défendre je n'emploierai donc que le courage et la franchise, étant indigne d'un honnête homme de composer avec ses principes et sa conviction. Vous jugerez, Messieurs, par cet exposé, s'il y a en moi un jurisconsulte et un publicite qui désire le bonheur de la France, ou un sophiste et un factieux qui veut y jeter le désordre.

Venise, Sparte et d'autres états n'eurent que des constitutions accidentelles et successives; la France fut en quelque sorte fondue d'un seul jet dans le moule de la liberté; ce fut le corps entier de la nation qui la constitua; ce qui a suivi vers la fin de la 1re et de la 2e race ne fut qu'une altération, qu'une plaie de cette constitution primitive. La féodalité, l'anarchie, le gaspillage des finances, loin d'abolir ces principes, durent leur donner une nouvelle force; et ces grandes lacunes d'assemblées nationales, accompagnées de tant de calamités, sous la fin de la 2e race, et dans la 3e, sous la branche des Valois, devaient faire dire de ce principe des états-généraux ce que Tacite disait de Brutus et de Cassius qui manquaient au Sénat: *Eo magis præfulgebant quod non visebantur.* Si la fiction des assemblées partielles, des commissions et même des parlements, fut impuissante pour réparer de si grands maux; si ces maux n'éclatèrent qu'aux époques mêmes où on laissait tomber les assemblées générales de la nation en désuétude; si un peu de bonheur et de repos ne reparut que sous leurs auspices; si la méditation de toutes les époques de l'histoire de France en fait foi et met cette vérité de fait hors de doute, comment donc pourrait-on contester à la nation le droit de réclamer l'exercice de ses antiques prérogatives, et de revenir au pacte primordial dans sa pureté?

Ces institutions municipales et provinciales furent antérieures même à l'établissement des Francs dans les Gaules; les Romains n'en furent point les créateurs; Auguste eut le bon esprit de perfectionner cette organisation en donnant une autre distribution aux provinces, en établissant de nouveaux districts, différents degrés de juridiction des moindres villes à la cité, de la cité à la métropole. En vertu de l'éternelle loi des sociétés humaines qui vivent ou meurent par la présence ou l'absence d'un principe, les provinces romaines furent opprimées, ruinées, et ensuite envahies par les barbares du moment où ce système fut détruit. Pendant deux siècles les tentatives des Francs avaient échoué contre cette organisation municipale et provinciale; ayant eu le bon esprit de conserver aux peuples envahis leurs lois et leurs coutumes, ils furent bientôt préférés aux Romains qui avaient fini par les mépriser. Les Francs en effet, avaient leurs assemblées nationales. Sous leurs premiers rois on voit que le consentement du peuple était nécessaire pour les choses d'intérêt général. Aussi la monarchie française ne dut point son origine à la conquête et à la force, mais à la réunion de plusieurs peuples et des divers corps qui étaient déjà organisés.

Il est certain que chez toutes les nations sorties de la Germanie, les lois sont toujours émanées du libre consentement du peuple : *De minoribus rebus princeps consultant, de majoribus omnes* (Tacite). Chez les Visigoths, Egiga propose au 16e concile de Tolède la réforme des lois de la nation : « Retranchez, dit-il, à l'assemblée, tout ce que vous trouverez d'injuste et de superflu ; nous ne vous demandons qu'un livre où règne la vérité ». *Hist. des conc.* t. 6. col. 17, 30.

La loi des Allemands dit qu'elle a été résolue du consentement des évêques, des ducs, et des comtes, *et de tout le peuple*. Il en est de même de la loi des Bavarois.

Les lois sous la première et la seconde race se promulguaient toujours d'après une assemblée et le consentement des Etats de la nation. *Capitulare comitiorum ratisponiensium.*

On voit quel soin nos rois prenaient dans les lois et dans leurs édits de faire remarquer que tous en avaient délibéré, et que c'était le sentiment de tous. *Nous tous assemblés, nous et nos très amés de toutes conditions, avons arrété; sur la résolution du Roi, des princes et de tout le peuple.*

En 819, Louis-le-Débonnaire ayant fait une addition à la loi salique, elle fut faite *in generali populi conventu* ; il dit lui-même qu'il l'a faite du consentement de tous : *Capitula quæ legi salicæ per omnium consensum addenda esse censuimus;* et la même année, s'agissant d'interpréter quelques articles de la loi Salique, l'interprétation a lieu dans l'assemblée : *Judicatum est ab omnibus, judicaverunt omnes.* « Il a été décidé par tous ; tous ont décidé. »

Le capitulaire, ou la loi, n'avait un caractère d'inviolabilité qu'autant qu'il était fait dans une assemblée générale. On propose à Charlemagne un réglement ; et pour qu'il soit inviolable pour lui et ses successeurs, on ne lui demande qu'une chose, c'est qu'il en fasse un capitulaire dans une assemblée générale ; Charlemagne suppose la même règle dans sa réponse : « *Cùm ad generale placitum venerimus, sicut petistis, consulta omnium fidelium nostrorum, scriptis firmare nostris, nostrorumque, atque futuris temporibus irrefragabiliter manenda, firmissimè deo adminiculante cupimus.* » Nous désirons, comme vous le demandez, lors de la convocation du placité général, appuyer nos capitulaires sur le consentement de tous, et leur donner aussi une sanction irréfragable et une force perpétuelle pour nous et nos successeurs. » Louis-le-Débonnaire, Charles-le-Chauve, Lothaire et Louis-le-Germanique, déclarent que les capitulaires consentis dans les assemblées générales, sont inviolables pour eux et leurs successeurs (Capit., t. 2, p. 143, 147).

C'est ce principe qui faisait dire par Hincmar à Carloman : « La loi divine oblige à savoir les lois, et défend de mépriser celles qui sont une fois établies, et cette règle, personne au monde, quelque haut rang qu'il ait, n'a droit de s'en dispenser ni de s'en croire exempt. » C'est ce qui faisait dire au chancelier de l'Hôpital, en 1567, que le parlement n'avait juré garder tous les commandements du roi, bien de garder les ordonnances du royaume qui sont ses vrais commandements. C'est ce qui faisait dire à Henri IV (Mém. Sully, t. 1, p. 468), que la première loi du souverain est de les observer toutes, et qu'il a lui-même deux souverains : *Dieu* et *la loi*. Voilà pourquoi l'observation des lois était un des principaux articles du serment que les rois prêtent à leur couronnement, et les féaux prêtaient également serment de donner conseil sincère et sans déguisement (Capit. t. 2, p. 99, 225, 226). Voilà pourquoi Charlemagne déclare nul et de nul effet tout jugement qui n'aurait d'autre cause que la crainte ou les ordres du roi, et qu'il recommande sur toutes choses, que l'on garde à chacun sa justice et son droit (Capit., t. 1, p. 542).

Des secousses si violentes, des changements de maîtres si fréquents, avaient bien pu altérer la forme des assemblées nationales, mais n'avaient pu les détruire, tant ce principe était lié à la constitution de l'empire français, au caractère national, je dis plus, aux droits de la nation.

Lorsque les Pepins se furent rendus recommandables par d'éclatantes victoires, qu'ils eurent sauvé la patrie de l'invasion des Barbares, que les titres de maires qu'ils tenaient de la nation eurent fait passer dans leurs mains le commandement des armées, la nomination aux grands offices, l'administration des domaines, l'emploi de tous les trésors de l'état, ils n'osèrent encore se montrer dans ces assemblées que comme les premiers sujets; pendant long-temps il fallut qu'ils continuassent d'y offrir aux peuples des représentants des rois, choisis toujours parmi les descendants de Clovis; et enfin ces puissants maires ne purent atteindre au premier rang qu'après avoir altéré et affaibli la constitution nationale. Mais dès qu'ils se virent au terme de leur ambition, ils se hâtèrent de rendre aux assemblées leur forme et leur grandeur primitives.

Charlemagne y puisa sa puissance et la liberté de ses sujets ; les débris de nos premières libertés n'ont échappé aux ruines du temps que par ses soins; et ces assemblées mémorables qui, depuis lui, ont réparé les malheurs intérieurs de la monarchie, l'ont rendue formidable au dehors, et surtout l'ont sauvée des secousses violentes, des révolutions de l'Europe, ne sont que les restes de celles que lui-même avait rétablies avec splendeur. Charlemagne, prince sincère et vrai dans son intention comme dans sa conduite, incapable de séparer son intérêt de celui de l'état, ni de penser qu'il soit possible au souverain d'obtenir quelque gloire solide, indépendante de son administration intérieure, jugea que la fiction et l'artifice étaient aussi indignes de lui que mal séant envers une nation aussi généreuse et aussi passionnée pour son roi(1). C'est en s'entourant sans cesse du conseil de ses peuples, en les appelant à toutes ses délibérations sur la paix et sur la guerre, sur l'administration de la justice et les lois, qu'il trouva toujours des armées nombreuses et vaillantes, pour entreprendre tant de guerres et pousser ses conquêtes si loin. Il ramena les lettres et les arts au milieu de ces siècles de barbarie, réforma les abus que des règnes faibles et désastreux avaient fait naître, établit ces lois qui long-temps furent vénérées dans toute l'Europe, et parvint à ce haut degré de gloire qui, dès son règne, porta sa renommée chez tous les peuples connus. L'ignorance et la barbarie de ses successeurs avaient souvent confondu les droits de la nation avec ceux du souverain : Charlemagne sut marquer les vraies limites de l'un et de l'autre; il laissa à la nation tout ce qui convenait à son caractère libre, tout ce qu'elle avait droit d'attendre de la nature et de sa constitution.

Des nations, qui aujourd'hui nous connaissent à peine, vinrent admirer ce monarque entouré de ses sujets. « Nous avons

(1) Le comte de Boulainvilliers.

vu en Asie, disaient les envoyés du calife de Babylone, des maîtres souvent courageux, souvent éclairés, mais souvent capricieux ou cruels. En Occident, nous avons contemplé un peuple de rois auxquels obéissaient d'innombrables armées toutes couvertes d'or et de fer. Ces rois cependant avaient un chef qui était le Roi des rois; mais tous ensemble avaient la même volonté, tous obéissaient, quoique tous fussent libres et rois.»

Charlemagne, ce monarque le plus grand et le plus puissant de tous nos rois, connaissait tellement le prix de cet applaudissement général des peuples et la confiance réciproque qui en résultait sur l'équité d'une loi, qu'il prit de concert avec son parlement un expédient remarquable quand il s'agissait de lois, pour qu'on pût dire qu'elles avaient le suffrage de tous. Il ordonna qu'on demandât l'avis du peuple, et que s'il consentait à l'addition nouvellement faite à la loi, chaque particulier y mît son seing ou son sceau: *Ut populus interrogetur de capitulis quæ in lege noviter addita sunt, et postquàm omnes consenserint, suscriptiones vel manû firmationes suas in ipsis capitulis faciant.* Cette ordonnance fut insérée dans la loi salique même où on la lit encore, et Charles-le-Chauve eut soin de l'autoriser de nouveau, en la faisant insérer dans l'épitome qu'il donna.

Ce droit primordial et fondamental, reconnu par Charlemagne d'une manière si solennelle, ne commença à s'affaiblir que lorsque la puissance des monarques diminua. L'invasion des Normands et des Sarrasins fut favorisée par ce sommeil de la nation; les prétentions de l'olygarchie prévalurent alors; et quand Louis V, dernier des descendants de Charlemagne, n'eut plus pour tout domaine que Laon, Soissons et quelques petites terres détachées, les parlements furent bornés aux seuls grands vassaux; ce ne fut plus la nation qui y porta ses vœux et ses lumières, mais des hommes redoutables qui s'étaient acquis le droit de faire la guerre sans l'aveu du roi, ni de la nation. On ne connut plus, pour ainsi dire, que le droit du plus fort; tout devint esclave ou guerrier; ces corps intermédiaires d'hommes libres; ces juridictions municipales, qui existaient chez les Gaulois, qui s'étaient conservées sous les Romains, sous la première race, et sous une partie de la deuxième, furent anéantis. Cette révolution de la constitution nationale qui ne laissait plus entendre la voix du grand nombre des citoyens, qui resserrait l'âme et les facultés des individus dans le cercle étroit des fiefs, en opéra une non moins funeste pour les monarques : n'étant plus sous la sauve-garde des peuples, ils devinrent le jouet de l'intrigue des grands vassaux; l'ordre de la succession fut alors interrompu, et on s'accoutuma à placer sur le trône des rois étrangers au sang royal. Tels furent Eudes, Robert et Raoul : et le crime qui, à la faveur de partis puissants, put aspirer à l'impunité, osa encore attenter aux jours des rois. Les deux derniers successeurs de Charlemagne périrent du poison.

Aussi la destinée des assemblées restreintes et mutilées de la deuxième race, fut-elle de condamner les têtes couronnées, de déposer les rois, sans acquérir la liberté, sans s'occuper d'elle et sans la connaître ; de commettre des assassinats judiciaires et de faire périr sous le froc un plus grand nombre de princes du sang royal qu'il n'en périt par le glaive du sang royal de Clovis. Ces attentats dissolvaient la nation et laissaient le royaume sans aucune espèce de défense.

Une chose digne de remarque, c'est que ce ne fut qu'au moment où les assemblées nationales avaient perdu toute leur puissance qu'un sujet monta sur le trône sans y être appelé (Hugues Capet). La nation ne fut donc séparée de la famille de Charlemagne que lorsqu'elle eut perdu sa liberté. Mais une longue suite de grands princes, huit siècles de possession non interrompue, la soumission persévérante du peuple français, et la sanction d'un grand nombre d'assemblées nationales ont été plus que suffisants pour effacer ce premier vice d'usurpation.

Sous Louis-le-Gros, les communes furent affranchies et les hommes libres appelés aux assemblées nationales; de là les premiers coups à l'olygarchie féodale qui avait étouffé le droit de la nation, et le retour insensible à ce droit.

L'ordre de succession par les mâles et par ordre de primogéniture, le corrélatif de ces assemblées nationales, si solidement établi, même dans les deux premières races par l'autorité des anciens écrivains, dit Bodin (Liv. 6, chap. V.), reçut une sanction remarquable sous Louis VIII, surnommé *le Lion* qui descendait en ligne directe de Charlemagne par sa mère Isabelle de Hainaut. On ne saurait peindre la joie, les réjouissances, l'ivresse publique qui éclatèrent alors à Paris. C'est que nos lois fondamentales sont gravées dans le cœur des peuples, et c'est la tradition bien plus que l'écriture, jointe au besoin national et à la nature des choses qui les rend inviolables, et en détermine le retour après des siècles d'oubli.

Ce furent les lumières et l'appui du peuple qui fortifièrent Saint-Louis contre les prétentions de Grégoire IX qui avait déposé Frédéric pour lui substituer Robert, et qui le firent résister aux supplications d'Innocent qui demandait un asile en France contre les prétendues persécutions de Frédéric.

L'énormité et les empiétements du pouvoir des papes ne provinrent que de l'absence des assemblées nationales; il en fut de même de l'excès des impôts qui écrasèrent les peuples. Alors, les assemblées nationales apportaient un remède à ces calamités; et l'on y revint par un effet de l'ascendant des traditions inhérentes à la nature même d'une nation, et qu'on ne peut pas plus détruire que cette nation même.

Toutes les grandes affaires (*Lettres historiques sur le Parlement* par M. Paige avocat), devaient être portées aux assemblées nationales. Ainsi la paix, la guerre, la police publique, la conservation des lois de la monarchie, les changements mêmes que les circonstances obligeaient quelquefois de faire aux lois particulières, le grand criminel en un mot, tout ce qui intéressait l'état, la dignité et la sûreté du monarque, les droits et la liberté du peuple, était décidé dans ces assemblées. Quand on voit après cela notre monarchie s'étendre de toutes parts, se former un empire puissamment affermi, que quinze siècles n'ont pu détruire, en peut-on être surpris? *Rien ne rend un gouvernement plus inébranlable que des entreprises toujours mûrement réfléchies, que des résolutions et des lois toujours justes, que des égards attentifs aux sentiments des peuples, pour n'être jamais dans le cas de leur déplaire ou d'en être condamné; or ces délibérations libres produisaient ces biens inestimables.* Les principes les plus précieux de notre droit public remontent à ce premier âge; cette maxime qui exclut les femmes de la couronne ne se tire que par induction de la loi salique; mais elle gît dans une tradition immémoriale de 1600 ans. C'est cette vénération seule des Français pour cette tradition aussi ancienne que la monarchie qui a fait passer la couronne à la branche des Valois malgré Édouard; qui l'a conservé à Charles VII sans nul égard pour la donation que Charles VI en avait fait à sa fille et au roi d'Angleterre son gendre, et qui l'a assurée dans la maison de Bourbon contre tous les efforts de la ligue. Presque toutes les autres lois fondamentales sont également établies sur une tradition qui remonte à l'origine même de la monarchie et dont nous ne trouvons les premiers vestiges que dans Tacite. On voit par là de quelle importance il est pour les rois de ne jamais laisser affoiblir dans l'esprit des peuples le respect inviolable qu'on a dans la nation pour les traditions; car si le prince par son exemple apprenait une fois à les mépriser en ce qui touche les intérêts des peuples, il serait bien à craindre pour lui-même et pour l'état que les peuples à leur tour ne parvinssent insensiblement à les mépriser en ce qui touche les intérêts des rois.

L'observation de ce droit était jurée par les rois de la première, de la deuxième et de la troisième race : « Je promets à mon » peuple que j'emploierai mon autorité pour conserver son droit » et les lois. » On peut voir quel en fut l'effet sous Philippe-le-Bel, Louis X dit Hutin, et Pilippe-le-Bon, où des associations pour le refus de l'impôt, se manifestèrent ainsi que des insurrections pour forcer les princes à avoir recours à l'autorité des états-généraux; sous le règne de Jean II où se tint la plus mémorable de ces assemblées (28 nov. 1356) par ses détails, par l'importance des objets qui s'y réglaient, et enfin par le contrat solennel que le roi et la nation consentirent réciproquement. La charte qui nous en est restée est comparée avec quelque raison à la grande charte anglaise et doit être regardée comme une des bases de nos libertés. Le premier article qui fut arrêté fut que tout ce qui serait proposé par les états n'aurait de validité qu'autant que les trois ordres réunis y concourraient unanimement, et que la voix de deux des ordres ne pourrait obliger le troisième qui aurait refusé son consentement.

On peut voir au contraire, quel fut l'effet de la violation de ce droit, sous le règne de Charles VI où la cupidité et les dilapidations du duc d'Anjou furent telles que le peuple se souleva, et que l'insurrection ne put être apaisée que par la convocation des états-généraux qui demandaient la révocation des subsides et de toutes les innovations, et que la nation *fût rétablie dans toutes ses franchises, priviléges et immunités, sans qu'à l'avenir les usages introduits au contraire pussent être tirés à conséquence ni former un titre pour le monarque régnant ou ses successeurs;* ce qui fut reconnu par le duc d'Anjou; sous ce règne où d'horribles désastres furent la conséquence de la violation nouvelle de ce principe; la France envahie, aux mains des Anglais; transformée d'un bout à l'autre en repaire de brigands; des attentats de tous genres, une suite de secousses qui, pendant quarante ans, agitèrent et ruinèrent le corps politique, et l'affligèrent de tous les maux qui peuvent à la fois assaillir les malheureux mortels. Tandis que, sous Charles VII, au contraire, la seule fidélité des Français au sang de leurs rois, et la convocation des états-généraux produisirent le rétablissement de la pragmatique sanction, la solde régulière des troupes, la réforme des abus, la modération de la taille qui n'excéda jamais le service militaire. On peut voir quels furent tour à tour les effets du mépris et de l'observation de ce droit, sous le règne de Louis XI où, après une suite d'excès et de crimes, il ne put qu'avec le secours des assemblées générales dissiper la ligue du bien public; en rétablissant la pragmatique sanction et l'inamovibilité des offices; mais bientôt de nouveaux crimes, de nouveaux excès d'impôts et de taxes arbitraires succédèrent au mépris de la règle; la liberté ne scintillait plus que dans le sein des parlements opposés aux édits, où Jacques de la Vacquerie faisait entendre ces paroles : *La perte de nos charges ou même la mort plutôt que d'offenser nos consciences.* Ce fut après la mort de ce prince que Philippe de Commines écrivit ces mots remarquables : « Y a-t-il roi ni seigneur sur la terre qui ait pouvoir, outre son domaine, de mettre un denier sur ses sujets, sans octrois et consentement de ceux qui le doivent payer, si non par tyrannie ou violences! On pourrait répondre qu'il y a des saisons qu'il ne faut pas attendre l'assemblée, et que la chose serait trop longue à commencer la guerre et à l'entreprendre. Je réponds à cela qu'il ne se faut point tant hâter, et l'on a assez de temps; et si vous dis, que les rois et princes ne sont trop plus forts, quand ils entreprennent quelques affaires du consentement de leurs sujets, et en sont plus craints de leurs ennemis.

» Et pour parler de l'expérience et de la bonté des Français, ne faut alléguer de notre temps que les trois états tenus à Tours, après le décès de notre bon maître le roi Louis XI (à qui Dieu fasse pardon), qui fut de l'an 1483.

» L'on pouvait estimer lorsque cette assemblée était dangereuse, et *disaient quelques-uns de petite condition et de petite vertu, et ont dit par plusieurs fois depuis, que c'est un crime de lèze-majesté que de parler d'assembler les états, et que c'est pour diminuer l'autorité du roi, et ce sont ceux qui commettent de crime envers Dieu, le roi et la chose publique. Mais servaient ces paroles et servent à ceux qui sont en autorité et crédit, sans en rien l'avoir mérité, et qui ne sont point propres d'y être, et n'ont accoutumé que de flageoler et de fureter à l'oreille, et parler de choses de peu de valeur, et craignent les grandes assemblées, de peur qu'ils ne soient connus et que leurs œuvres ne soient blâmées.* »

On peut voir quel fut l'effet de cette violation, sous le règne de François Ier qui fut marqué par des prodigalités de tous genres, par des actes arbitraires, la vénalité des offices, de nouvelles *crues* sur les tailles, le mépris du parlement et des constitutions, l'engagement des domaines, les emprunts forcés, et le commencement de ce système qui met à la charge des générations futures les profusions et les désordres des temps passés, la révocation de la pragmatique sanction, les évocations au grand conseil, les commissions, les confiscations anticipées des biens d'un accusé, la mauvaise formation des troupes et le mauvais choix des officiers, les intrigues de Duprat pour éluder les états-généraux, le mépris du vœu national, l'énormité des impôts, leur répartition arbitraire, les brigandages; sous le règne de Henri II où ce ne fut qu'après une multitude d'édits bursaux, d'exactions de tous genres, l'invasion et les calamitées publiques, que l'on sentit la nécessité de convoquer les états-généraux; il faut donc, dit un historien des états-généraux, *que la nation assemblée soit bien redoutable aux ministres, aux favoris, aux courtisans ambitieux et dissipateurs, et il faut qu'elle soit bien utile, puisque ceux qui la redoutent le plus y ont toujours recours dans les malheurs extrêmes, quand les passions individuelles sont forcées de se taire pour la cause générale.*

Sous François II, la nation voyant les Guise maîtres du roi, de la reine-mère et des princes du sang, demanda les états-généraux, « *ce seul espoir*, dit l'historien des états-généraux, » *de ramener à la justice et d'échapper à l'anarchie* »; mais les Guise épouvantés osent, au nom du prince, publier une loi qui déclare coupable du crime de lèze-majesté *quiconque parlerait de convoquer et d'assembler les états*; preuve mémorable de cette vérité que les usurpateurs ne peuvent consommer leur crime que par l'absence des assemblées nationales. C'est alors et au milieu de ces persécutions que commencèrent les troubles qui déchirèrent la France sous les Valois; c'est alors, dit le même auteur, que les rois qui ont tout ôté à leurs sujets deviennent les esclaves des grands, sont continuellement dans la crainte de les mécontenter, sont forcés de dissimuler par faiblesse, de s'épuiser en dons, le plus souvent pour ceux qu'ils redoutent et qu'ils haïssent; et c'est quand la dignité royale n'est pas soutenue par la nation, que les jours des monarques se terminent par le fer ou par le poison. Enfin, après beaucoup de réformes promises et de projets, il fallut assembler les états-généraux en 1560, et voici comment le chancelier de l'Hôpital s'explique sur cette institution primordiale de la France. Après avoir dit que les assemblées nationales forment le droit fondamental de la France et de l'Europe, il ajoute : « Y a-t-il une fonction plus auguste, un » acte plus digne d'un roi que celui de présider l'assemblée de » ses sujets, d'écouter leurs demandes et de faire droit sur leurs » requêtes, si elles lui paraissent fondées? *C'est presque le seul » moyen qu'aient les rois de connaître la vérité qui leur est dé» guisée par tout ce qui les entoure. Combien de vexations, d'in» justices et de rapines se commettent journellement sous le nom » du roi même et à son insu, et dont il ne peut avoir connais» sance qu'en tenant les états-généraux! c'est là qu'il apprendra » le tort inappréciable qu'il se fait à lui-même en chargeant le » peuple de nouveaux impôts, en vendant les offices, en confé» rant les premières charges civiles et ecclésiastiques à des hommes » scandaleux; car la plupart des rois sont condamnés à ne voir » que par les yeux d'autrui, au lieu qu'ils devraient mener les » autres, ils sont menés par une douzaine d'hommes qui les ap» prochent....*

» *Concluons donc que ceux qui conseillent au roi de ne point » convoquer les états-généraux, consultent plus leurs intérêts que » ceux du prince et de la nation. Ce sont ou des hommes présomp» tueux qui méprisent le reste des humains, et se croient seuls en » état d'ouvrir de bons avis, ou des hommes pervers, qui ne trou» vent leur salut que dans les ténèbres. Car de venir tranquillement » nous dire que toute grande assemblée est à craindre, oui bien, » leur répondrai-je, pour un tyran et ses satellites, mais jamais » pour un prince légitime qui se doit regarder comme le père de ses » sujets.*

» Il me serait facile, en parcourant les diverses tenues des états» généraux dont les procès-verbaux se conservent dans nos ar» chives, de montrer en détail *qu'ils ont opéré le salut de l'état*,

» soit en procurant au roi des secours prompts et efficaces, dans
» les moments de détresse, soit en réformant une foule d'abus
» destructifs, et en donnant naissance à des lois salutaires et à
» d'utiles réglements. »

Il est remarquable que les états-généraux de 1560 forcèrent la reine à lever l'opposition qu'elle avait formée par lettres patentes à ce qu'ils se mêlassent du fait de la régence, et qu'ils statuèrent : « *que lorsqu'un roi serait notoirement incapable de régner par lui-même, le plus proche prince du sang serait tenu de convoquer les états-généraux sous trois mois, à peine d'être réputé traître au roi et à la nation, et qu'à l'expiration des trois mois, sans convocation, chaque baillage, sénéchaussée, procéderait au choix des députés qui s'assembleraient le quinzième du quatrième mois à Paris, pour composer un conseil de régence, et régler l'administration du royaume.* »

Sous Henri III comme sous François II, ce fut en l'absence des états-généraux que les guerres civiles éclatèrent dans toute leur fureur, et que des crimes et des horreurs de tout genre épouvantèrent la France. Ils furent convoqués en 1576, et ils firent prévaloir par l'organe du député Bodin le droit de représentation réelle, le droit de vote effectif et non par fiction, des députés de la nation; ils résistèrent héroïquement à la réduction des députés du tiers-état en commission, et à la translation de cette commission dans le conseil d'état, à l'aliénation des domaines dont l'excédant des revenus sur les dépenses du roi devait alléger l'état, et ils furent inflexibles surtout sur des impôts qu'ils refusèrent à raison de la détresse des peuples.

Que conclure, Messieurs, de ce tableau rapide de faits historiques? que toutes les fictions auxquelles on a eu recours n'ont pu atténuer la nécessité des assemblées générales de la nation, bien loin de les remplacer; que c'est leur absence qui a entraîné la dégradation de l'esprit humain et des mœurs nationales, et les malheurs qui ont accablé le pays; qu'après Charlemagne, on ne vit plus sur la scène que deux factions qui, n'étant plus contenues par sa puissante main, s'abandonnèrent à leur tendance naturelle, et que les événements qui succédèrent furent le résultat d'assemblées incomplètes et fondées sur des principes vicieux; que ce mélange bizarre d'un fanatisme aveugle, de la licence des camps et de la servitude des cours détruisit alors tout principe, et donna aux peuples modernes ces mœurs contradictoires qui les font paraître sans caractère quand tous les peuples antiques en ont un si bien dessiné. Deux volontés dominant ces assemblées restreintes, toujours en conflit, opposées de caractère et d'habitudes, produisirent l'oppression du peuple, les faux principes, la destruction de l'autorité royale, le défaut de puissance publique, l'anarchie, l'établissement des droits les plus ridicules, les superstitions les plus grossières, l'impossibilité de remédier à aucun mal; par l'impossibilité d'avoir une volonté unique.

D'où il suit qu'évidemment les états-généraux composés de la généralité des Français, sans priviléges, sans droits contradictoires, tels, en un mot, que les événements et les siècles les ont faits aujourd'hui, forment toujours la même loi fondamentale, qui tire, au contraire, une nouvelle énergie et une nouvelle puissance de l'état actuel des conditions et des intérêts.

Comment aurait-il pu y être dérogé? Est-il une loi qui puisse avoir une telle vertu contre un droit national inhérent à la France et à la nature elle-même? Un droit primordial et fondamental n'est-il pas imprescriptible?

Pour vous en convaincre de plus fort, Messieurs, écoutez le président du Harlay au lit de justice du 15 juin 1586 : « Dans la » remarque et la désignation des ordonnances qui s'observent » en ce royaume, nous usons de distinction; car nous appelons les » unes les ordonnances du roi, et les autres, du royaume. Celles que » nous appelons royales peuvent être changées pour les temps, » et il n'est pas sans exemple que, selon la variété des temps, la » nécessité ou commodité de leurs affaires, il y ait diversité de » lois, parce qu'elles sont mortelles comme les rois. *Mais pour » ce qui est des lois du royaume, elles sont immortelles, et ne » peuvent être changées, variées, ni altérées*, pour quelque cause » que ce soit. » (1)

Or l'on doit regarder comme lois fondamentales de la France, celles qui assurent l'indépendance de la couronne, qui l'ont rendue héréditaire, et qui en ont exclu les filles, celles qui règlent l'ordre de la succession au trône, qui donnent à la nation le droit de se choisir un maître dans le cas d'extinction de la maison régnante, celles qui lui conservent le droit de concourir à

(1) Trésor des harangues, 2e partie, pag. 198.

la puissance législative ; celles qui garantissent aux sujets la sûreté de leur personne et de leur vie, la propriété de leurs biens, l'usage légitime de leurs libertés, le droit de veiller à la conservation de leur honneur, celui d'être jugés par leurs juges naturels. (*Histoire des Etats-Généraux*, t. 6, p. 454.)

La vérification des lois n'était pas un vain cérémonial, puisque cette vérification dérivait du droit du CORPS ENTIER de la nation de concourir à la puissance législative, droit qui prend naissance dans le contrat primordial entre elle et le souverain, et par lequel elle a déterminé la manière dont elle voulait être gouvernée (*Encyclopédie*, t. 5, p. 699). Méconnaître une vérité aussi éclatante et aussi généralement reconnue, c'est trahir la nation et les rois mêmes; c'est rompre tous les liens qui attachent et qui lient les sujets au monarque, c'est enfin d'un peuple libre en vouloir faire un peuple d'esclaves. On ne s'est donc pas trompé en regardant le parlement comme représentant la nation en cette partie (discours du chancelier Olivier en 1559), et s'il plaisait au roi d'ôter à ce tribunal le pouvoir qu'il lui a donné de la suppléer dans l'exercice de ce droit, OU QUE LA NATION LE RÉCLAMAT, il serait de sa justice de la réintégrer elle-même dans ce droit; *droit qui lui appartient incontestablement, auquel elle n'a jamais renoncé, dont elle a constamment joui pendant plus de quatorze siècles*; DROIT ENFIN DONT AUCUNE AUTORITÉ LÉGITIME NE PEUT LA DÉPOUILLER, ET AUQUEL ON N'A PU PORTER ATTEINTE SANS SON AVEU. (*Ibid.*)

« Les puissances étrangères, dit l'historien des états-généraux (t. 6. p. 457, 458 et 459), les états-généraux, les chanceliers et les ministres les plus recommandables, les historiographes les plus illustres que la France ait eus, nos rois eux-mêmes et nommément celui sous lequel nous avons le bonheur de vivre (Louis XV), ont rendu dans tous les temps les témoignages les plus authentiques à ce principe fondamental qui constitue la liberté nationale. »

« Le plus auguste de tous les corps créés par le pouvoir national, a dit le chancelier D'Aguesseau, ce sont, en France, les états-généraux, ou ce qui en tient lieu à l'étranger. »

Le roi a déclaré, dans son édit de 1771, QU'IL EST DES LOIS IMMUABLES, DES LOIS SACRÉES QU'IL EST DANS L'IMPUISSANCE DE CHANGER.

La loi salique écrite contient une chose remarquable, savoir:

« Que les Francs seraient juges les uns des autres avec le prince, » et qu'ils décerneraient ensemble les lois à l'avenir, selon les » occasions qui se présenteraient. » (*Encyclop.* t. 9, p. 671, v°, *loi salique*).

« En toutes communautés, dit Bodin, quand il est question de ce qui est commun à tous en particulier et divisément, le consentement exprès d'un chacun y est requis. (*L. per fundum rusti. præd. et religios. de rer. div. in inst.*) Si les états sont assemblés de plusieurs corps, comme les états de l'empire, et de toutes les républiques, composés de trois ordres; à savoir, de l'ordre ecclésiastique, de la noblesse et du peuple, les deux ne peuvent rien au préjudice du tiers : comme Bodin, député par le tiers état de France à Blois, remontra aux deux ordres que c'était chose pernicieuse à l'état de ce royaume de nommer trente-six juges pour assister au jugement des cahiers des états, pour beaucoup de raisons nécessaires par lui discourues; mais voyant que l'archevêque de Lyon, président de l'état ecclésiastique, mit en avant que l'église et la noblesse l'avaient ainsi résolu, Bodin remontra qu'on avait de toute ancienneté gardé telle prérogative à chacun des trois états, que les deux ne pouvaient rien attester au préjudice du tiers, et que cela avait passé sans difficultés aux aux états d'Orléans, et encore qu'il étoit ainsi pratiqué aux états de l'empire, d'Angleterre et d'Espagne, et pour cette cause supplia les deux ordres de prendre de bonne part s'il l'empêchait comme ayant charge du tiers état..... La juste royauté n'a point de fondement plus assuré que les états du peuple, corps et collèges : car, s'il est besoin lever deniers, assembler des forces, maintenir l'état contre les ennemis, cela ne se peut faire que par les états du peuple et de chacune province, ville et communauté. Aussi voit-on que ceux-là mêmes qui veulent abolir les états des sujets, n'ont autre recours en leur nécessité, sinon aux états et communautés, lesquels étant réunis ensemble, se fortifient par la sanction et défense de leurs princes : *et même aux états généraux de* TOUS LES SUJETS, quand le prince est présent, là on communique des affaires touchant le corps universel de la république et des membres d'icelle : là sont ouïes et entendues les justes plaintes et doléances des pauvres sujets, qui jamais ne viennent autrement aux oreilles des princes : là sont découverts les larcins, concussions et voleries qu'on fait sous les noms des princes qui n'en savent rien. Mais il est incroyable combien les sujets sont aises de voir leur roi présider en leurs états; combien ils sont fiers d'être vus de lui.....! *Toutefois il y en a qui se sont efforcés par tous moyens de changer les états particuliers de Bretagne, Normandie, Bourgogne, Languedoc, Dauphiné, Provence, en élections, disant que les états ne se font qu'à la foule du peuple : mais ils méritent la réponse que fait Philippe de Commines à ceux qui disaient que c'était crime de lèze-majesté d'assembler les états.....* On ne peut nier que par ce moyen le pays de Languedoc n'ait été déchargé sous le roi Henri de cent mille livres tous les ans : et le pays de Normandie de quatre cent mille, égalées sur les autres gouvernements qui n'ont point d'états, et néanmoins il est bien certain que les *élections* coûtent deux fois autant au roi et aux sujets que les états, et en matière d'impôts, plus il y a d'officiers, plus il y a de pilleries, et jamais les plaintes et doléances des pays gouvernés par *élection* ne sont vues, lues, ni présentées, en quoi ce soit, on n'y a jamais égard, comme étant particulières; et tout ainsi que plusieurs coups d'artillerie l'un après l'autre, ne font pas si grand effet, pour abattre un fort, que si tous ensemble sont délâchés ; aussi les requêtes particulières s'en vont le plus souvent en fumée. Mais quand les collèges, les communautés, les états d'un pays, d'un peuple, d'un royaume, font leurs plaintes au roi, il lui est mal aisé de les refuser. Combien qu'il y a mille autres utilités des états en chacun pays, c'est à savoir le bien concernant la communauté de tout le pays, s'il est question de faire levée d'hommes ou d'argent contre les ennemis, ou bien bâtir des forteresses, unir les chemins, refaire les ponts, nettoyer le pays de voleurs, et faire tête aux plus grands : tout cela s'est mieux fait par ci-devant au pays du Languedoc par les états qu'en autre province de ce royaume. *Ils ont ordonné 1200 livres par chacun an, pour l'instruction de la jeunesse de tout le pays en la ville de Nîmes, outre les autres collèges particuliers. Ils ont bâti les belles forteresses du royaume*, ils ont fait exécuter Buzac, le plus noble voleur qui a été de notre mémoire, duquel ni juges, ni magistrats ni le parlement même de Toulouse n'avaient pu avoir de raison, car il faisait des voleries par forme de justice....... J'ai bien voulu citer en passant ces particularités, pour faire entendre le grand bien qui réussit des états, qui sont encore mieux réglés en république des Suisses et de l'empire d'Allemagne qu'en autres républiques de l'Europe. Car outre les états de chaque ville et canton, ils ont leurs états généraux. Les dix circuits de l'empire ont leurs états séparés auxquels se rapportent les états particuliers des villes impériales et contrées ; et les états des circuits se rapportent aux états de l'empire. » (1)

Ainsi, Messieurs, il est démontré qu'il n'a point été dérogé à cette loi fondamentale de la France ; cela est démontré *en fait* et *en droit*.

En fait, parce qu'à toutes les époques de calamités, et lorsque la constitution politique était forcée, brisée par des mouvements violents, et réduite à l'impossibilité d'agir, lorsque la série des infractions à ce droit primitif, les fictions funestes qui le remplaçaient avaient rempli la France d'horreurs, la nation se leva pour réclamer son droit imprescriptible, et la convocation des états-généraux ; et parce que ces états-généraux furent le seul remède qui arracha la France aux maladies mortelles dont elle était atteinte. Si Henri IV les eût convoqués, il n'eût pas péri de la main d'un scélérat ; et ce trésor, fruit des économies de Sully, n'eût point été pillé ; et les efforts de ces deux grands hommes n'eussent point été perdus pour la stabilité et le bonheur de la France ! Si les états-généraux eussent été convoqués, Richelieu n'eût point asservi jusqu'à son maître et fait de ses ennemis ceux de l'état ; et Mazarin, au milieu des emportements et des guerres de la fronde, n'eût pas tout corrompu pour éluder le vœu des peuples ; les trésors de la nation et la substance des campagnes ne fussent point passés dans ses mains avides, pour satifaire à son faste, à ses prodigalités et enrichir ses créatures. Sous Louis XIV, la nation ne cessa de demander les états-généraux : au milieu de tant de grandeurs, ils eussent dissipé les prestiges qui égaraient sa grande âme ; il en fut de même sous Louis XV ; cette trop fameuse régence, dans nos annales, n'eût pas rassemblé tout ce que Rome, Babylone et l'antiquité offrirent d'abominations. Si, sous Louis XVI, une faction d'intrigants ne se fût pas substituée à la nation, la France était sauvée ; les factions, qui depuis la déchirèrent, l'apparition et la chute rapide des constitutions et des gouvernements éphémères qui suivirent cette grande crise, n'étaient-elles pas une protestation toute puissante contre l'abrogation de la loi fondamentale

(1) Extrait du livre IIIe de Bodin.

du droit héréditaire et des assemblées nationales ? Et la situation de la France depuis 15 années, ces coteries, ces partis qui la divisent, cette immolation des intérêts spéciaux et généraux à l'égoïsme et à l'intrigue, cette vie précaire, cette incertitude de l'avenir, ces douleurs du présent, qu'est-ce autre chose qu'une protestation contre l'oubli de notre droit national ? Si la vérité se plaît à ne suivre le sage que dans l'ombre de la solitude, elle ne veut se montrer qu'aux rois entourés de l'appareil imposant de leur nation. C'est là qu'elle fait rougir l'intérêt personnel, fait taire l'envie, dissipe les prestiges de l'intrigue ! C'est là que le monarque, pour rendre ses peuples heureux, peut se passer de l'expérience des années et des efforts du génie ? (1)

En droit, nous avons prouvé que cette loi fondamentale était imprescriptible, et qu'aucun laps de temps, aucune renonciation tacite ou expresse n'avait pu l'abroger. Quand ce droit n'aurait point existé parmi nous, quand il ne serait pas de l'essence de toutes les sociétés justes et libres, quand nous verrions des peuples heureux sans lui, il devrait être établi pour la France, pour cette nation qui, dans ses limites assez étendues, offre tant de variétés dans son sol, dans son climat, dans ses productions, dans ses différents moyens d'industrie, dans le génie de ses peuples, dans la dissimilitude de leurs mœurs, de leurs usages, dans la différence des conventions qui les lient respectivement à la patrie commune. Comment du milieu d'une cour où habitent presque toujours l'intrigue et la dissimulation, où l'ambition, la cupidité et la frivolité ramènent et dirigent tout, où la perspective lointaine des objets altère les formes, comment, dis-je, embrasser tant de connaissances si peu liées, tant d'intérêts contraires, dicter des lois lorsqu'une erreur va peut-être éteindre l'activité et l'industrie d'une province entière, tarir des sources de richesses, préparer la dépopulation d'une contrée, ouvrir la voie à d'innombrables injustices, exposer la nation entière à des disettes et à mille autres maux ! De là, la complication, la multiplicité, l'imperfection, l'inutilité et par conséquent le danger des lois.

Aussi le grand jurisconsulte, Guy Coquille (t. 1. p. 560), ne voulait-il pas qu'on confondît les parlements avec les états-

(1) Hist. des États-Généraux.

généraux ; il n'accordait aux parlements que le droit de recevoir, de faire publier et enregistrer les lois que le roi faisait; *mais le pouvoir des lois*, disait-il, *est au fait des coutumes qui tiennent lieu et font le vrai droit civil des personnes, en l'accordance desquelles coutumes, est représentée l'ancienne liberté du peuple français, en tant qu'il avait et qu'il a encore aujourd'ui le droit de faire loi sur soi-même.*

Et en effet, Messieurs, ce fut l'impuissance des corps judiciaires qui représentaient fictivement la nation qui fit naître ces luttes funestes des parlements et de la couronne, des parlements et du haut clergé, ces prétentions tour à tour exhorbitantes de la part des uns et des autres, cette scission de l'esprit public, cette incertitude de l'opinion sur tant de questions diverses. Si les assemblées nationales eussent été convoquées, le problême des attributions des parlements et des droits de la couronne, eût été promptement résolu, et la législation politique, criminelle et civile fondée par ces assemblées, n'eût plus trouvé dans les parlements que des dépositaires courageux et fidèles.

Ma tâche est remplie, Messieurs; j'avais donc raison de dire que bien loin d'avoir violé les lois de mon pays, c'est moi qui les ai défendues dans l'ouvrage incriminé. Condamner cet ouvrage, ce serait vouloir consacrer par un arrêt la violation des droits les plus saints et les plus imprescriptibles de la nation française. Puisse la nécessité où je me suis trouvé de me défendre contribuer à leur rendre toute leur autorité : A ce prix je me consolerais de tous les sacrifices, de toutes les privations que l'aveuglement des hommes et leur injustice pourraient m'imposer ! !

www.ingramcontent.com/pod-product-compliance
Ingram Content Group UK Ltd.
Pitfield, Milton Keynes, MK11 3LW, UK
UKHW021210230726
13926UKWH00001B/426